ALLOCUTION

D'UN CITOYEN

AU DUC D'ORLÉANS.

IMPRIMERIE DE Ch. DEZAUCHE,
Rue du Faubourg Montmartre, n°. 11.

ALLOCUTION

D'UN CITOYEN

AU DUC D'ORLÉANS,

PAR M. COLLIN DE PLANCY.

Paris.

MONGIE, LIBRAIRE-ÉDITEUR,

BOULEVART ITALIEN, Nº 10.

—

AOUT 1830.

ALLOCUTION

D'UN CITOYEN

AU DUC D'ORLÉANS.

Monseigneur,

Vous allez bientôt échanger votre titre d'altesse contre celui de majesté. Permettez à un citoyen de vous adresser quelques paroles familières, pendant que vous n'êtes pas encore roi.

Mais vous l'êtes déjà, Sire; toute la France l'a proclamé, et le choix national se prononce avec des accens qui ne s'altèreront point. Je devrais sans doute employer les formes d'un plus long respect; cependant le temps presse; le pacte qui doit nous unir n'est pas encore solennel; et peut-être n'ai-je pas toutes choses frivoles à vous dire.

Nous savons bien qu'il ne sera pas nécessaire qu'un page vous dise chaque matin, comme à Philippe de Macédoine : *Souvenez-vous que vous êtes un homme.* La vie entière de votre altesse nous est un sûr garant de ce que nous devons attendre de votre majesté, et nous ne demanderons au roi de France que les vertus du duc d'Orléans (1).

Celui qui se montra toujours libéral et populaire, qui combattit, dès son aurore, dans les rangs de la nation, pour la cause de liberté ; qui honora le nom français chez l'étranger ; qui de retour parmi nous, adopta nos idées généreuses et sourit à toutes nos gloires, ne dementira pas une vie si pure et si belle, et n'abjurera jamais des qualités qui lui ont donné nos cœurs, je veux dire l'honneur et la franchise.

C'est surtout cette dernière qualité, Monsei-

---

(1) Le nom d'Orléans nous fut généralement heureux. Louis XII, le plus grand de nos rois, avait été duc d'Orléans d'abord. Il porta sur le trône plus de vertus qu'il n'en n'avait promis. Devenu roi, on le pressait de venger quelques injures précédentes. « Le roi de France, répondit-il, ne connaît pas les injures faites au duc d'Orléans. »

gneur, qui brillait par son absence à la cour du
feu roi (1).

Vous savez ce que l'hypocrisie a semé; vous
voyez ce qu'elle vient de recueillir.

Les Français aimeraient mieux, dit-on, un
sceptre de fer dont ils pourront mesurer le
poids, qu'un caillou paternel caché dans un chaus-
son de velours. Napoléon et Charles X en ont
donné la preuve.

Personne, Monseigneur, ne m'a accordé
mission de vous remettre ces notes; mais je m'y
suis enhardi, dans la certitude où je suis que je
vais porter à votre oreille l'expression entière de
l'opinion publique.

Et d'abord, quoique votre modération vous
ait toujours éloigné de rechercher le trône, qui
vous attend, surtout depuis dix ans, votre
majesté ne peut pas se voir sans orgueil à la tête
du premier peuple du monde.

Il y a long-temps que l'empereur Maximi-
lien disait : «Si j'étais Dieu le père, et que j'eusse

(1) Je dis *le feu roi*, parce qu'il ne l'est plus. *Feu*, en
vieille orthographe, est le participe passé du verbe être. *Le
feu roi*, celui *qui fut roi*.

deux fils après moi, je ferais l'aîné dieu, et le second roi de France. »

Que de grandes choses se sont passées depuis ! Un lord disait hier qu'il donnerait toute sa fortune pour être Français. On démontrait déjà dans l'autre siècle que si nous avions su écrire notre histoire, nous avions cent fois la splendeur des Romains et des Grecs. Et vous avez vu, jeune citoyen, cette première révolution belle de tant de merveilles ; ces victoires dont le souvenir grandit tous les jours ; cette marche triomphale du peuple français au milieu du monde fier de le suivre de loin ; ces lois créées par la nation ; ces travaux gigantesques qui ont abîmé le chaos féodal, et surtout, Monseigneur, ce caractère qui, dans les derniers jours de juillet, vient de nous placer pour jamais au faîte de la civilisation humaine.

Oui, un prince doit être fier de régner sur une nation si magnanime, si généreuse et si grande ; si calme dans les revers, si noble dans les succès, si imposante devant ses ennemis, si dévouée à ceux qui l'aiment ; et avec cela si gaie (1) et si vivante, qu'il n'est pas possible

(1) On faisait des calembourgs le soir même de l'affreuse

de penser que Dieu nous ait fait de boue et de crachat comme les autres peuples. Il y a en nous de la flamme ; et, certes, nous vivons en un an vingt ans de la vie d'un Allemand ou d'un Suisse.

Il n'y a qu'un esprit étroit des anciens jours qui puisse se complaire à gouverner des esclaves et des muets. Un prince digne seulement du nom d'homme (et un roi doit être quelque chose de plus), cherche à régner sur des hommes éclairés. Il se croit d'autant plus grand, que la nation qu'il dirige est moins abjecte. De don Miguel à un gardien de troupeaux il n'y a certainement qu'un pas ; d'un roi à Don Miguel il y a deux mille ans de chemin.

Un souverain de jadis était heureux, lorsqu'il avait parmi ses sujets beaucoup de nobles. Sire, vous allez régner sur trente millions d'hommes, en qui tous sont innées les plus héroïques vertus qui quelquefois ont constitué la vraie noblesse.

journée du 28 juillet. Un brave faisant allusion au jour de la prise de la Bastille, disait en rechargeant son fusil : « On dira tout ce qu'on voudra du 14 juillet, mais ce ne sera jamais que la moitié du 28.

Il faut que le feu roi ait eu les yeux bien affaiblis ou l'esprit bien égaré, lorsqu'il chercha à souffler les lumières. La victoire éclatante et spontanée d'une nation qui triomphe si rapidement, qui détruit en deux jours tout un échaffaudage d'iniquités longuement préparées, sera pour tous les Rois une leçon mémorable.

Et voyez, Monseigneur, comme le peuple s'est conduit. A la prise des Tuileries, on jetait par les fenêtres les bustes de Charles X, de son fils, de la Dauphine et du duc de Bordeaux. On arrive à celui de Louis XVIII ; un ouvrier mal vêtu le protége aussitôt. *Messieurs, s'écrie-t-il, c'est l'auteur de la Charte ; respect !...* Et ce buste est demeuré, voilé d'un crêpe noir.

Aussi, dans l'esprit de la nation, le nom de l'auteur de la Charte occupe une des belles pages de notre histoire.

Si nous en avions le temps, nous pourrions citer mille traits admirables : l'armée que l'argent des corrupteurs n'a pu séduire, et qui refuse de se séparer du peuple ; ces vaillans élèves de l'école polytechnique, qui, couverts de gloire, ne veulent donner aucun nom individuel ; les gardes-du-corps qui, de leur caserne du quai d'Orsay, tirent en l'air; et parmi ces gardes royaux qui, malgré tout, sont Français, les pelotons survivans qui refusent de Charles X la croix d'honneur, comme prix du sang qu'ils ont versé; d'autres qui se font fusiller à Saint-Cloud, pour ne pas fouler aux pieds la Charte et l'honneur.

Mais de quelles calomnies ce pouvoir déchu pouvait-il poursuivre la nation qu'il n'a jamais su juger? Ils nous accusaient d'irreligion. On a vu cependant les héros du 28 juillet reconduire avec honneur, jusqu'à son église, le prêtre qui était venu rendre les derniers devoirs à leurs compagnons morts pour la liberté. On nous a vus toujours honorer la vertu, sans quoi la religion n'est qu'une fraude. Mais nous ne nous entendions pas. On nous disait impies, parce que nous n'aimons pas voir à un archevêque des boudoirs de petites maîtresses, des millions en numéraire, cent poignards dans son cabinet, et deux barils de poudre dans son oratoire. Ce sont de singuliers bréviaires !

Nous trouvions aussi que le haut clergé envahissait les testamens avec trop de glouton-

nerie ; que les couvens se rétablissaient **en trop**
grand nombre ; que deux cents mille francs de
pension et deux chasseurs derrière son car-
rosse, c'était trop pour M. de Latil ; qu'un
petit groom eût suffi pareillement à M. Tha-
rin ; que les prêtres des campagnes n'étaient
pas assez riches ; avions-nous tort ?

Nous n'étions pas non plus absolument d'ac-
cord avec les jésuites, qui accaparaient nos
fortunes, en disant que le vol fait aux impies est une action doublement bonne, en ce
qu'elle ôte aux méchans le moyen de mal faire,
et donne aux pieux la ressource de s'entr'ai-
der. Nous aimons à faire nous-mêmes nos actions généreuses. Déjà toutes les bourses se
sont ouvertes pour les blessés ; et des millions
vont se réunir pour payer une dette sainte,
puisque des huissiers mêmes font offrande de
leurs honoraires d'un jour !

A côté d'une générosité universelle et d'un si
grand courage, vous admirerez, Monseigneur,
d'autres vertus religieuses : une modération telle,
que des ouvriers, épuisés de fatigues et de
sueurs, refusaient le vin qui enivre, di-
saient-ils, et buvaient de l'eau pour rester

calmes; une probité si générale, qu'on n'a pu encore lui trouver une tache (1).

Les épithètes manquent pour louer dignement nos concitoyens; et il me semble que si on élève un monument au souvenir de ces belles journées, à tant de braves, et à de si nobles actions, on ne pourra que lui donner la forme d'un point d'admiration surmonté d'une auréole !

Mais tout ce long préambule qui vous fait voir, Monseigneur, ce que vous recevez de nous, m'amène enfin aux notes précises que j'ose vous soumettre, et qui vont vous apprendre ce que nous attendons de vous.

On ne veut pas de Charte octroyée. Votre Altesse sent aussi bien que nous que prendre un chef ce n'est pas recevoir un maître. Nous avons nos droits qu'on ne peut nous ôter; et, le raisonnement est bien correct, puisque nous

(1) Citons cette belle parole d'un pauvre diable à qui l'on recommandait de surveiller aux Tuileries des objets précieux : « Soyez tranquille, mon capitaine, nous avons changé de gouvernement, mais nous n'avons pas changé de conscience.

les avons, il est au moins ridicule qu'on nous les donne.

Un homme qui sort de la hideuse prison de Sainte-Pélagie, ayant payé toute sa dette, est redevenu libre. Ne trouvez-vous pas bizarre le créancier qui, n'ayant plus de droits sur son débiteur, dirait cependant qu'il lui *octroye la liberté*. L'octroi de la Charte, de la part de Louis XVIII, n'était pas plus raisonnable.

Ce n'est pas que je veuille m'attaquer à Louis XVIII. Honneur immortel à sa mémoire ! S'il a fait des fautes, elles sont en petit nombre; et d'ailleurs il a tellement consolidé l'édifice de nos libertés, que son nom doit à jamais être béni.

Mais aussi il ne passait pas une heure tous les soirs à réciter le psaume LX. Il ne mettait même pas de cilice; et ce n'est pas à lui qu'on eût donné la discipline avec un gros carcan et des chaînes aux mollets. Il n'était pas jésuite des quatre vœux; il pensait qu'on pouvait régner honnêtement sans être évêque en secret, et que sa Charte lui mériterait le ciel, aussi sûrement que les absolutions du révérend père Roothan.

A ce propos, Monseigneur, on va, de concert avec vous, améliorer la Charte. J'avouerai que c'est en tremblant que je vois toucher aux cristaux de grand prix.

Avant toute chose, c'est un devoir sacré de conserver ce mot de *Charte*, devenu si populaire, et au nom duquel nous nous sommes faits libres, Sire, et nous vous avons fait roi (1).

Il ne faudrait que réparer sans détruire; et quand ce grand acte sera devenu parfait, nous sommes certains au moins qu'avec vous, Sire, la Charte sera, comme vous l'avez dit, *une vérité*.

On demande d'abord la suppression de la gendarmerie. Sous un digne chef, les Français respecteront toujours plus les lois que le sabre; et des sergens de ville suffiront à Paris.

Puis la suppression des gardes royales et le renvoi des Suisses. Ah! Monseigneur, ne serez-

(1) Ce mot de *Charte* est si cher au peuple, que pendant qu'on se battait à Paris, des moissonneurs, à vingt lieues de la capitale, criaient : *Vive la Charte !* en fauchant les blés; et d'autres leur répondaient à un quart de lieue de distance. De sorte qu'on eût dit, le 28 juillet, que ce cri retentissait d'un bout de la France à l'autre. Il est vrai que de bonnes gens y ajoutaient : *A bas Charles X !* ce qui était encore moins poli.

vous pas mieux gardé par vos concitoyens que par des étrangers? La chute du feu roi prouve assez qu'un prince est mal en sûreté, lorsqu'il n'a pas autour de lui l'affection de son peuple.

Ensuite, n'en serez-vous pas plus aimé, quand, au lieu d'imposer aux Français des autorités municipales ineptes, vous leur laisserez le droit de choisir eux-mêmes leurs administrateurs. Au moins vous ou vos ministres ne serez pas responsables dans votre conscience de quarante-quatre mille bévues, pour les maires seulement des quarante-quatre mille communes qui s'apprêtent à vous saluer roi.

Pour moi, Monseigneur, rien que ces quarante-quatre mille nominations m'empêcheraient long-temps de dormir.

Un autre point très-important. On a cru asservir la presse, en supprimant le jury dans les délits littéraires; et il est clair que sans le président Séguier, secondé de quelques autres magistrats honorables, trois fois la liberté de la presse était perdue; et avec celle-là toutes les autres. Mais aussi Charles X serait parti un peu plus tôt.

Un roi qui veut connaître ses affaires doit

laisser libre l'opinion publique, au moins dans le sanctuaire des lois.

On veut, de plus, que les ministres soient responsables par une loi formelle. Quel inconvénient peut y voir un souverain qui n'a pas d'arrière-pensées. Il se met à l'abri de tout reproche. Il est pur du mal qui peut se commettre.

Mais le feu roi ne savait pas assez qu'un roi constitutionnel *règne et ne gouverne pas.*

Il disait : ma volonté immuable, comme eût dit un sultan. Il n'y a d'immuable que Dieu ; et la volonté immuable de Charles X est devenue en deux jours une mauvaise plaisanterie.

On demande encore que les députés promus à des fonctions publiques cessent d'être députés. N'était-il pas grotesque, sous les règnes précédens, Monseigneur, de voir quelquefois la moitié de la nation représentée par les agens du pouvoir? Le cumul était interdit, et partout on cumulait. Peut-on demeurer à la fois préfet et député? Un département à cent lieues de Paris, gouverné par un préfet qui dînait six mois de l'année rue Thérèse : quelle facétie !

A toutes ces demandes, on en joindrait bien

d'autres, Monseigneur. On voudrait qu'au lieu de dire toujours *mes sujets*, ce qui frise de près *mes esclaves*, un roi dît quelquefois *mes concitoyens*, *les Français*, *la nation*; ces mots-là ne blessent pas la bouche qui les dit, et font plaisir aux oreilles qui les entendent.

La vieille autorité paternelle et magistrale dont parle Arriaga, et qui consistait à donner des férules, n'est plus de mise aujourd'hui. Un père est l'ami et le protecteur bienveillant de sa famille. Ainsi doit être un roi; et c'est ce que vous serez, Monseigneur; car nous allons tous devenir vos enfans. Et souvenez-vous que toutes vos paroles seront recueillies et conservées.

Mais suivons. On souhaiterait que désormais le mot *royal* fut moins prodigué, et fît quelquefois place au mot *national*, qui menaçait de s'éteindre. On voudrait que Votre Majesté ne se dit pas, en tête des lois : *Philippe, par la grâce de Dieu*, mais *Philippe, par les lois nationales, roi des Français*. On demande que le fils aîné du royaume ne s'appelle pas *Dauphin*; c'est de la vieillerie : il serait convenable que le premier prince du sang héritât du titre de *duc d'Orléans*, que vous avez rendu cher.

Vous avez adopté comme nous les insignes tri-colores. On pense qu'il ne faudrait pas, comme ont fait les Bourbons au drapeau blanc, y joindre les armes particulières d'une famille. Votre famille aujourd'hui, c'est la France entière. Il faut choisir entre l'aigle et le coq; et il me semble qu'on devrait opter pour l'oiseau qui, à Jemmapes, vous couvrait de ses ailes victorieuses. On a reproché au coq de vivre sur un fumier; mais l'aigle vit sur des charognes. L'aigle n'a de beau que son profil. Que ses partisans aillent au Jardin des Plantes, ils verront si la démarche d'un Hollandais ivre est aussi ignoble que celle de l'aigle. Le coq, d'ailleurs, emblême de nos pères que nous ne devons pas renier, symbole des Français, dont il a l'élégance et la vivacité, est un oiseau de vigilance, utile et protecteur, tandis que l'autre est l'oiseau de la tyrannie et de la destruction.

Cette petite déclamation prouverait que nous sommes pour le coq; et il est bien vrai qu'il figurera au-dessus de nos étendards un peu mieux que la pique de Suisse que nous appelons fleur de lys.

Nous n'avons pas fini; des citoyens voudraient

que les troncs de ces arbres sacrés dont la chute nous a protégés , ne fussent pas déracinés. Ces troncs produiront des rameaux historiques , et nos enfans les verront avec reconnaissance.

Il voudraient encore que l'on rendit leurs noms illustres à la rue de la victoire, à la rue d'Aboukir , et à d'autres dont la dénomination ne présenterait rien d'offensif. C'est déjà très-bien d'avoir relevé la rue Charles X du nom immortel de l'homme qu'on a si justement appelé le vétéran de la liberté dans les deux mondes. On pourrait également remplacer par de glorieux souvenirs d'autres noms insignifians ou absurdes. Dupont de l'Eure , Laborde , Gérard , Casimir Périer , Rigny , Laffitte seraient sans doute très-bien à la place de certains noms qu'il n'est pas absolument nécessaire de conserver.

Les mêmes souhaiteraient aussi qu'on relevât la statue de Napoléon sur la colonne de la place Vendôme ; et qu'on ramenât en France les cendres de ce héros, notre compatriote , qui serait resté à l'île d'Elbe , si alors vous aviez régné , Sire.

Ces complaisances nobles , tout-à-fait sans

danger pour vous, acheveront de vous gagner le petit nombre de cœurs qui peuvent encore demeurer tièdes.

Avec vous, Sire, notre gloire nationale ne sera plus trahie; et incontestablement aujour-d'hui, nous conserverons Alger, dont nous saurons faire la rivale heureuse de Saint-Domingue.

Et là-dessus encore, on prétend que le trône de la Grèce qui nous appartient, si les droits de conquête sont au-dessus des droits du vol, devrait être donné au jeune Napoléon. C'est maintenant pour nous un étranger, élevé hors de nos mœurs; mais il est né parmi nous; *c'est le pur sang du dieu qui lançait le tonnerre;* et d'ailleurs il devait attendre un si bel héritage, qu'il y aurait justice peut-être à lui donner au moins un petit trône.

Si vous élevez de nouveaux monumens, prince, on demande qu'ils ne soient plus à Louis XIII, ni même à Louis XV, ni même à Louis XIV; mais à Charlemagne, à Louis IX, à Louis XII, et à d'autres grands hommes qui sont devenus grands sans être Rois.

On voudrait un code militaire. Tout là-dessus est médité.

On voudrait aussi un autre code de commerce, plus en harmonie avec la haute civilisation qui nous domine. On serait heureux que ce code ne permit pas à sept juges de rendre, comme en 1829, quarante mille jugemens dans l'année...

On serait ravi surtout que l'on supprimât sans réserve l'horreur de la contrainte par corps, ce vestige infect de la féodalité et de l'ancien esclavage, qui fait que nous, qui marchons à la mort pour le maintien de notre liberté, nous pouvons pour cent un francs la perdre tous les jours.

C'est en effet le prix que lui donnent nos lois commerciales, si stupidement vantées, et qui nous régissent en 1830 !

Vous voyez, Sire, combien de choses importantes qu'il faudrait, pour ainsi dire faire en un jour ! mais vous serez le second législateur de la France, et vous effacerez le premier.

Quant au feu Roi, le peuple s'en occupe assez peu. Son abdication même n'a pas intéressé, car on ne veut ni de son fils, ni de son petit-fils.

Ces sentimens sont des résolutions calmes, dépouillées de fiel et de haine. Malgré la bienveillance qu'on porte à la jeune duchesse de Berry, le peuple parisien à toujours conservé, sur l'authenticité du duc de Bordeaux, des doutes, mal fondés peut-être, mais que rien ne peut détruire. Il est élevé au surplus, de manière à n'être aussi qu'un étranger pour nous. Que fera-t-on d'un prince qui apprend l'histoire de France dans le père Loriquet, et qui sait que sous le règne de Louis XVIII le marquis de Bonaparte a remporté les victoires d'Austerlitz et d'Iéna.

Du reste, les vœux du peuple n'ont rien de sinistre pour Charles X et sa famille. Qu'il ne leur soit fait aucun mal, dit-on de toutes parts ; à qui peuvent-ils inspirer des craintes ? On demande même en général que l'île d'Elbe leur soit donnée pour retraite, sauf à les renvoyer plus tard à Sainte-Hélène, si, comme l'autre, ils revenaient l'an prochain.

Encore un mot, Sire. Au lieu de la légende égoïste : *Domine, salvum fac regem*, pourquoi ne feriez-vous pas orner vos monnaies de cette prière nationale : *Dieu ! protége la France.* Eh ! prince, vous êtes Français aussi.

Mais c'en est assez. D'autres voix plus éloquentes s'élèveront jusqu'à vous ; régnez, prince ; seul, vous êtes appelé au trône de Charlemagne , de Napoléon et de Louis XII. Vous serez digne d'être notre chef; et pour la première fois nous saluerons un Roi constitutionnel; le repos et le bonheur seront notre partage sous un gouvernement qui, comme vous l'avez dit, réunira *la solidité de la monarchie à la liberté de la république.* Le commerce renaîtra ; vous serez adoré au-dedans et respecté au-dehors ; et le monde recherchera notre alliance.

www.ingramcontent.com/pod-product-compliance
Lightning Source LLC
Chambersburg PA
CBHW051208050726
47594CB00007B/3117